Aurelio-Stern

Aus Einzelteilen ein großes Ganzes schaffen, aus einem Basi
Modul verschiedene Formen gestalten, flache
Falten und Kleben zu einem Körp
macht den Aurelio-Stern so faszi

Dieser Faltstern wird Origami-Fa
die stimmungsvolle Weihnachtsde   menbau-
en des Sterns ist nämlich genauso s   nend wie das Ergebnis schön ist. Ob ganz groß oder ganz klein, mit mehr oder weniger Zacken, in Bunt, Gold oder Weiß: Ein Aurelio-Stern ist immer ein toller Blickfang.

Viel Spaß beim Falten und Dekorieren wünscht Ihnen

Die Motive lassen sich in folgende Schwierigkeitsgrade unterteilen:

● ○ ○ einfach ● ● ○ etwas schwieriger ● ● ● anspruchsvoll

IHRE GRUNDAUSSTATTUNG

Außer Papier benötigen Sie folgende Hilfsmittel, die Sie immer griffbereit haben sollten.

- Alleskleber mit Lösungsmittel, z. B. UHU
- Falzbein
- Nagelfeile
- evtl. Faden (zum Aufhängen)

Hinweis: Mit „Rest" ist immer ein Stück gemeint, das maximal A5 groß ist.

Papierart

Für den Aurelio-Stern müssen die Faltungen sehr sauber ausgeführt werden. Das verwendete Papier muss sich daher leicht und exakt falten lassen. Außerdem sollte es relativ stabil sein und eine glatte, geschlossene Oberfläche besitzen, damit die gefalteten Module problemlos zusammengesteckt und -geklebt werden können. Am besten geeignet ist Origamipapier. Es lassen sich aber auch viele andere Papiere verwenden, die die oben genannten Bedingungen erfüllen.

Es sollten nur Papiere mit weniger als 130 g/m² verwendet werden, da sie sich sonst nicht mehr sauber falten lassen. Bei Papieren ab 90 g/m² müssen die Faltlinien mit einem Falzbein nachgezogen werden.

Grundsätzlich gilt: Die Papierstärke sollte sich nach der Größe des fertigen Sterns richten. Je kleiner der Stern, desto dünner sollte das Papier sein. Bei größeren Sternen kann – und muss – stärkeres Papier verwendet werden.

Tipp: Für Anfänger eignet sich besonders Origamipapier oder auch normales Schreibmaschinenpapier.

Papiergröße

Am leichtesten gelingen Sterne, die aus speziellem Origamipapier mit den Maßen 10 cm x 10 cm bis 15 cm x 15 cm gefertigt werden. Ab 20 cm Kantenlänge sollten die Papierquadrate fester bzw. schwerer als Origamipapier sein, weil sonst beim Kleben und Zusammenstecken Probleme auftreten können. Für sehr große Sterne aus Papierquadraten von 30 cm x 30 cm ist Origamipapier fast zu dünn. Für diese Größe eignen sich Papiere von 90 bis 120 g/m² besser, weil dadurch der Stern insgesamt stabiler wird und sich leichter zusammenstecken lässt.

Module falten

1 Das Papierquadrat in der Mitte falten und wieder öffnen. Alle Ecken zur Mitte falten, sodass ein kleineres Quadrat entsteht.

1

2 Das Quadrat wenden und auf die Spitze stellen. Der Mittelfalz verläuft senkrecht. Die rechte Seite zur Mitte falten, sodass unten eine schmale Spitze entsteht. Die linke Seite ebenfalls zur Mitte falten, sodass oben eine schmale Spitze entsteht. Wichtig ist, dass mit dem Falten stets auf der rechten Seite begonnen wird. Module, die auf der linken Seite begonnen werden, passen später nicht in das Gesamtgefüge.

2

3 Die Trapezform wenden. Die rechte und die linke Ecke zur Mittellinie falten, sodass eine Raute entsteht. Diese Seite wird später zur Sterninnenseite und ist dann nicht mehr sichtbar. Das rechte obere und das linke untere Dreieck sind Klebeflächen.

3

4 Die entstandene Raute wenden, in der Mitte falten und wieder öffnen. Diese Seite der Raute ist später die Sternaußenseite. Im rechten oberen und linken unteren Dreieck befindet sich jeweils ein kurzer, schräger Schlitz, in den das Klebedreieck eines anderen Moduls eingesteckt wird. Dazu wird das Klebedreieck nach außen geklappt und auf der Rückseite mit Klebstoff bestrichen, bevor es in den Schlitz des anderen Moduls gesteckt wird.

4

Module aus festerem Papier kleben

Wenn relativ dicke Papiere verwendet werden, sollte jedes einzelne Modul zusätzlich mit Klebstoff stabilisiert werden. Die Module werden gefaltet wie links beschrieben. Lediglich die im Arbeitsschritt 2 entstandenen Flügel mit dem Kleberoller (keine Trocknungszeit!) ankleben. Zusätzlich wird an jedem Modul die äußere Ecke der Klebedreiecke abgeschnitten. Dadurch lassen sich die Klebedreiecke tiefer in die Schlitztaschen stecken.

Nach dem Fertigstellen des Sterns die abstehenden Schlitztaschen zukleben. Dazu auf einen Kartonstreifen an der vorderen Kante der Oberseite etwas Klebstoff auftragen, den Kartonstreifen in die Schlitztasche stecken, die Schlitztasche leicht schließen, den Kartonstreifen herausziehen und den Schlitz fest zudrücken.

Sterne aufhängen

Den Aufhängefaden an ein Stück Streichholz binden und dieses in eine der Öffnungen zwischen den Zacken stecken.

Wichtiger Hinweis: Auf keinen Fall lösungsmittelfreie Klebstoffe verwenden, da sich sonst das Papier stark wellt!

Einfache Aurelio-Sterne

→ aus acht Modulen

MOTIVGRÖSSE
ca. ø 14 cm

MATERIAL PRO STERN
- 8 Blatt gemustertes Papier in Blau, 10 cm x 10 cm

1 Die Module wie auf Seite 2/3 beschrieben falten. Dabei auch den Abschnitt „Module aus festerem Papier kleben“ berücksichtigen.

2 Zwei Module zusammenstecken. Zwei weitere Module ergänzen, sodass ein vierzackiger Stern entsteht. Noch einen weiteren vierzackigen Stern fertigen.

2a

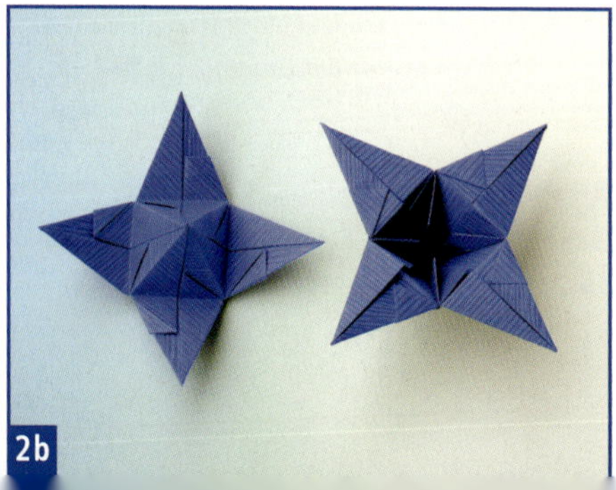

2b

3 Beide Sterne Rücken an Rücken aufeinanderkleben. Etwas aufwändiger ist es, wenn die Klebedreiecke um den Zackenrand herumgezogen und in den Schlitz des Zackens vom zweiten Stern gesteckt und geklebt werden.

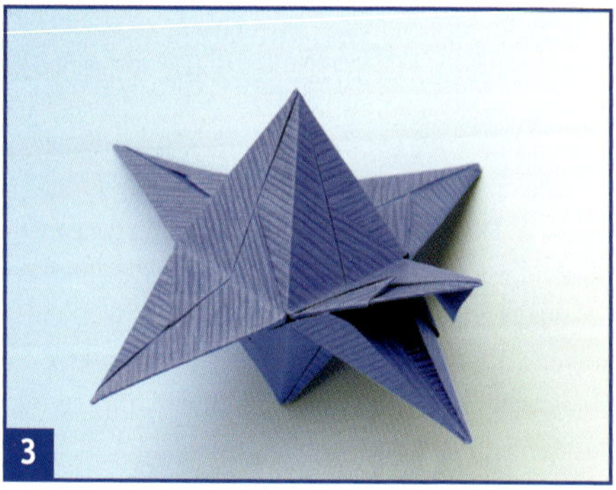

3

4 Alternativ können die beiden Sterne auch versetzt aufeinandergeklebt werden. Dazu die Sterne zuerst mit Klammern in die richtige Position bringen, wie im Arbeitsschrittbild 4 auf Seite 7 zu sehen. Zwei Klammern entfernen, einen Zacken hochklappen, Klebstoff auftragen und wieder mit Klammern sichern. Mit den anderen Zacken ebenso verfahren.

Flacher Aurelio-Stern

→ aus zwölf Modulen

MOTIVGRÖSSE

ca. ø 26 cm

MATERIAL

- je 12 Blatt Origamipapier in Pink, 15 cm x 15 cm, und in Violett, 10 cm x 10 cm

1 Die jeweils 12 pinkfarbenen und violetten Module nach der Anleitung auf Seite 2/3 falten. Aus den pinkfarbenen Modulen zwei sechszackige Sterne kleben.

1a

1b

2 Die violetten Module auf die Zacken kleben.

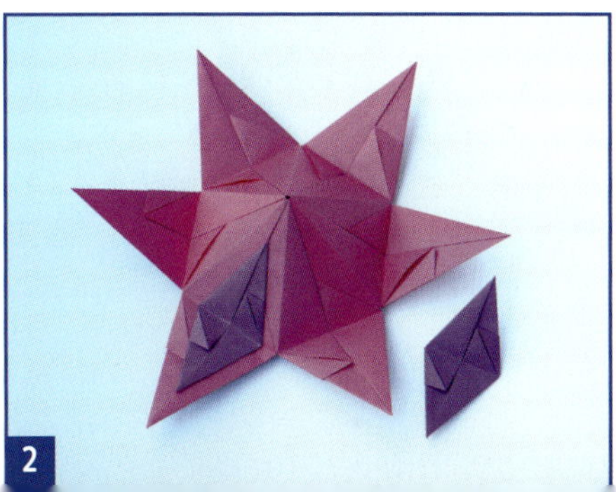

2

3 Die Sterne umdrehen und die abstehenden Dreiecke auf den Zackenrückseiten mit Klebstoff und Klammern fixieren.

3

4 Die beiden sechszackigen Sterne versetzt aufeinanderlegen und mit Klammern fixieren, wenn die richtige Position gefunden ist. Nun zwei Klammern entfernen, den Zacken hochklappen, Klebstoff auftragen, den Zacken zurückklappen und wieder mit Klammern sichern.

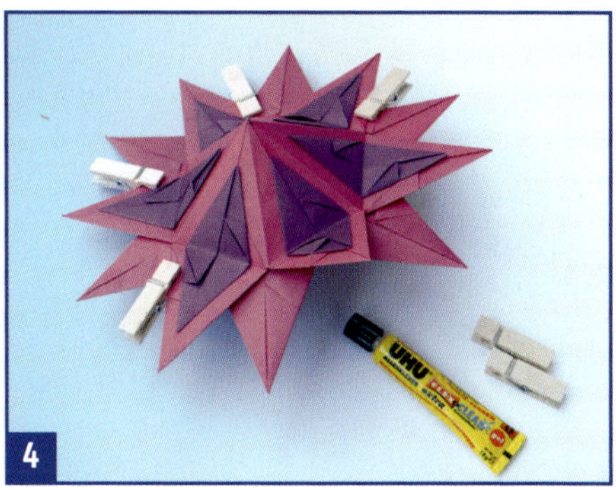

4

5 Alternativ können die beiden Sterne mit den Zacken aufeinandergeklebt werden, sodass ein sechszackiger Stern entsteht.

Kleine Aurelio-Sterne

→ aus zwölf Modulen

MOTIVGRÖSSE
ca. ø 17 cm bis 20 cm

MATERIAL STERN IN FLIEDER UND SILBER

- je 6 Blatt gemustertes Papier in Flieder und Silber, 15 cm x 15 cm

STERN IN ROSA

- 12 Blatt Origamipapier in Rosa, 15 cm x 15 cm
- selbstklebende Sterne in Silber

STERN IN VIOLETT

- 12 Blatt gemustertes Papier in Violett, 12 cm x 12 cm

1 Die Module wie auf Seite 2/3 beschrieben falten. Für die Sterne in Violett sowie in Flieder und Silber auch den Abschnitt „Module aus festerem Papier kleben“ berücksichtigen.

2 Drei Module zusammenkleben.

2

3 Das vierte Modul einfügen und am besten mit Klammern sichern.

3a

3b

4 Die Form zu einem Viererstern falten.

4

5 Seitlich ein Modul ankleben und drei weitere Module ergänzen.

5a

5b

Kleine Aurelio-Sterne

6 Die Windmühlenform wenden. Einen Seitenflügel nach innen klappen, zu einem Zacken kleben und mit einer Klammer fixieren. Die drei anderen Zacken ebenso arbeiten.

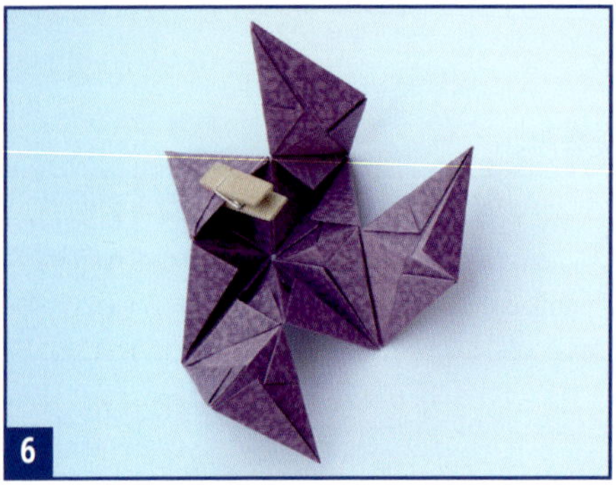
6

7 An einem Zacken eines der Module ankleben. Die restlichen drei Module ergänzen.

7a

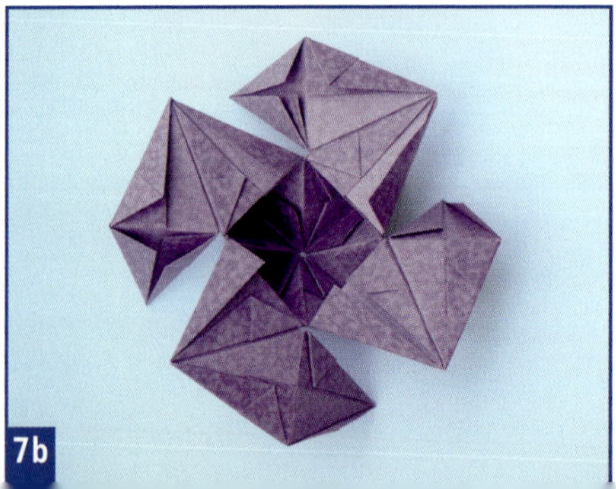
7b

8 Ein seitlich angeklebtes Modul am benachbarten Zacken ankleben und mit einer Klammer fixieren. Mit den anderen drei Modulen wiederholen.

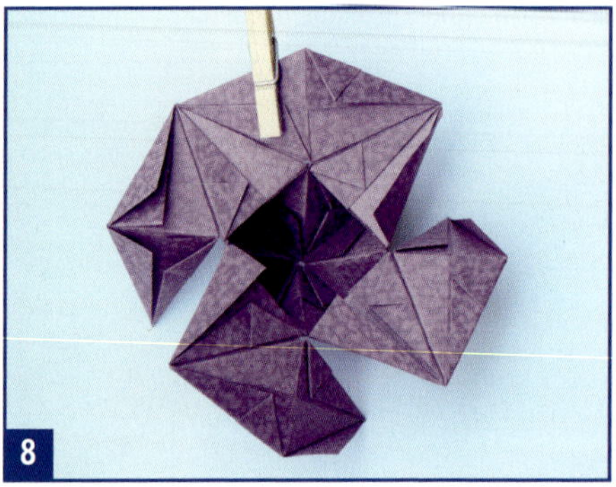
8

9 Die Klammern abnehmen, die vier Seiten zur Mitte führen und vier Zacken kleben.

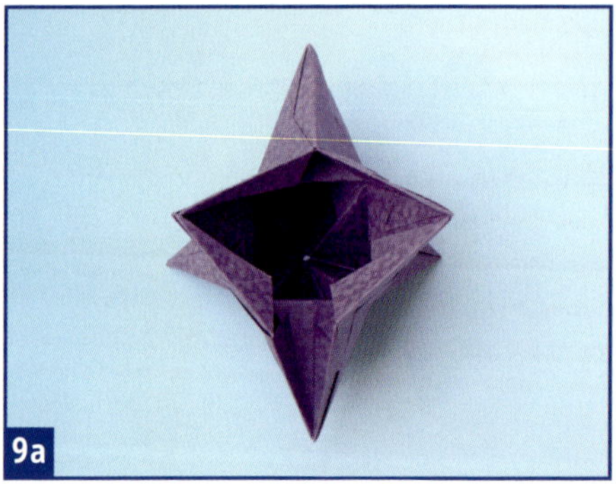
9a

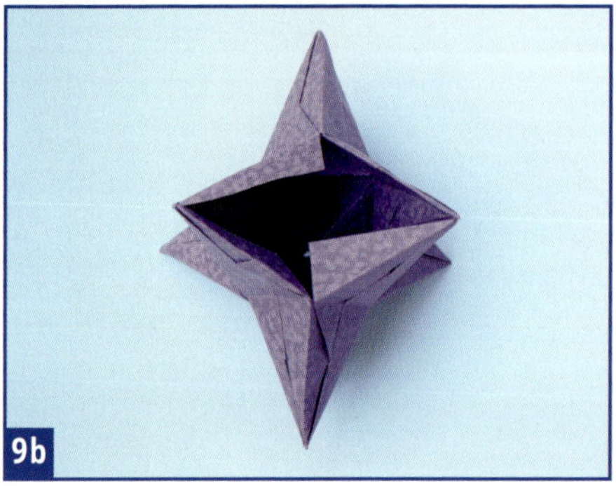
9b

Aurelio-Stern

→ aus 30 Modulen

MOTIVGRÖSSE
ca. ø 20 cm

MATERIAL
- je 10 Blatt Origamipapier in Gelb, Orange und Rot, 15 cm x 15 cm

Um den systematischen Aufbau des Sterns zu verdeutlichen, wird er hier in sechs Modulringen dargestellt. Immer fünf Module bilden einen Ring.

Hinweis: Sie können den Stern auch Zacken für Zacken arbeiten. Einen Zacken aus drei Modulen fertigen, zwei weitere Module anfügen und so den zweiten Zacken fertigen. Weitere drei Zacken anfügen, sodass eine Rosette aus fünf Zacken entsteht. Fortfahren, bis alle Module aufgebraucht sind. Es sollten dann, egal wie der Stern gedreht wird, immer Rosetten aus fünf Zacken zu sehen sein.

Erster Modulring in Gelb

1 Eines der Klebedreiecke des ersten Moduls aufklappen, mit Klebstoff bestreichen und in einen der Schlitze des zweiten Moduls stecken.

1

2 Das dritte Modul einstecken, sodass es den Zwischenraum zwischen den beiden Zacken füllt.

2a

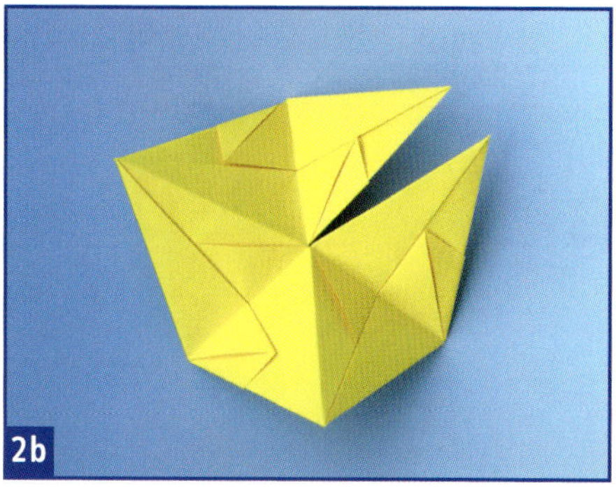

2b

Aurelio-Stern

3 Das vierte Modul auf gleiche Weise ergänzen.

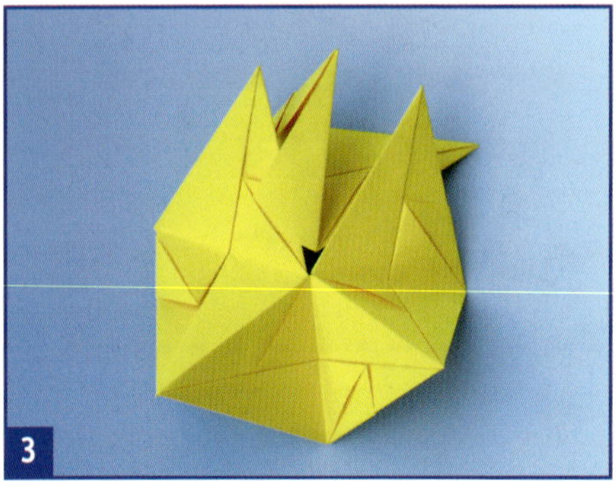
3

4 Schließlich das fünfte Modul einstecken, sodass eine geschlossene Sternform entsteht.

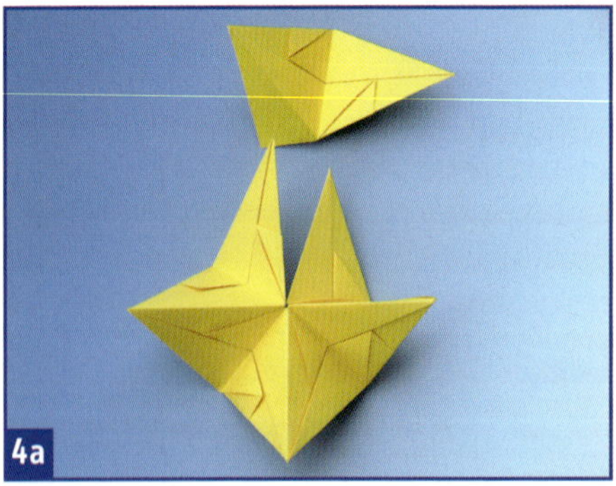
4a

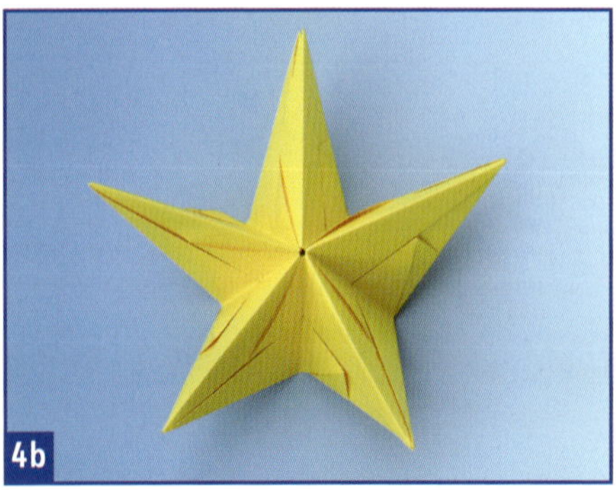
4b

Zweiter Modulring in Orange

1 Beim ersten orangefarbenen Modul des zweiten Rings das Klebedreieck aufklappen, auf der Rückseite mit Klebstoff bestreichen und in den Schlitz eines gelben Moduls des ersten Rings stecken.

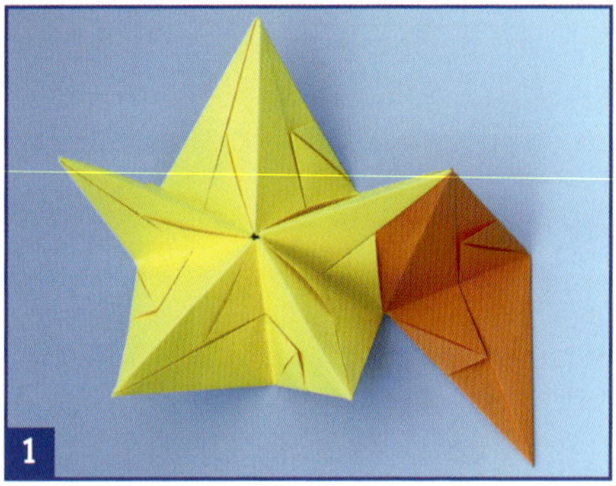
1

2 Ein zweites Modul ebenso befestigen.

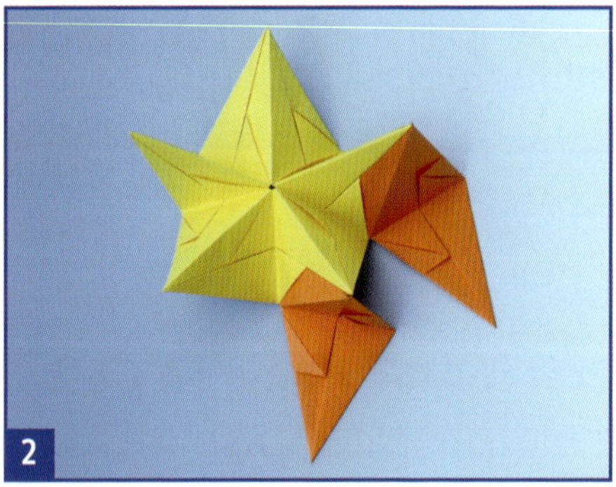
2

3 Die anderen Module anbringen.

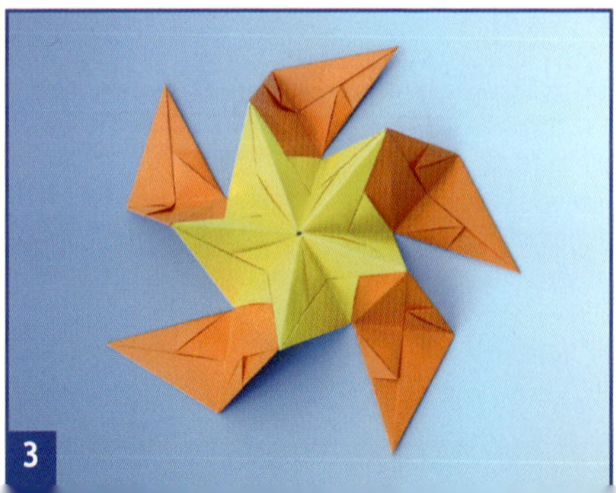
3

4 Die windmühlenartige Form wenden.

4

5 Ein gelbes Klebedreieck des ersten Modulrings aufklappen und mit Klebstoff bestreichen. Das gegenüberliegende orangefarbene Modul umklappen und das gelbe Klebedreieck in den Schlitz dieses Moduls stecken. Der erste Zacken ist nun fertig. Um die restlichen vier Zacken zu bilden, die Schritte viermal wiederholen.

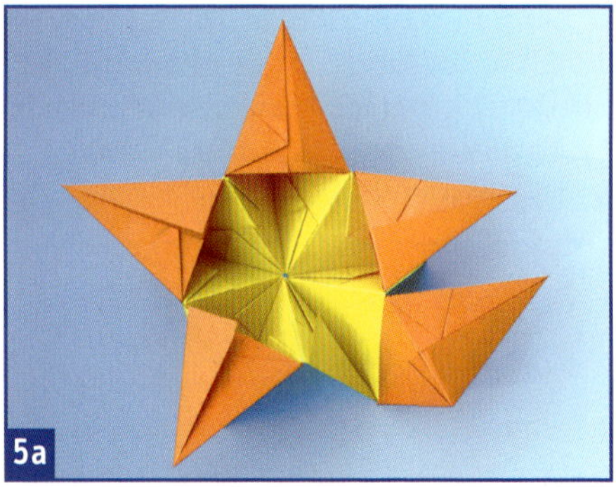

5a

5b

6 So sieht die Rückseite aus.

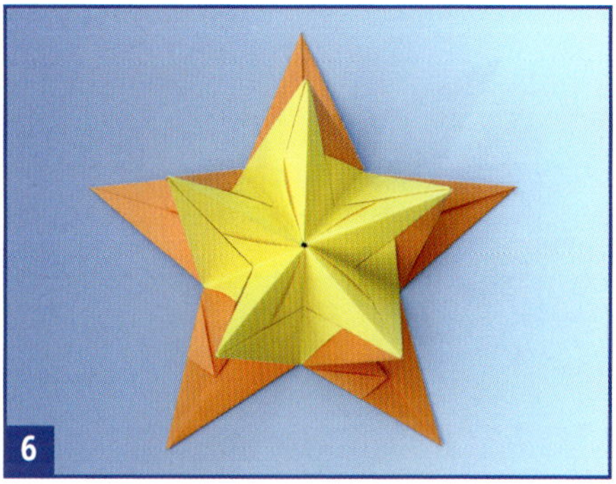

6

Dritter Modulring in Rot

1 Das Klebedreieck des ersten roten Moduls aufklappen, auf der Rückseite mit Klebstoff bestreichen und in den Schlitz eines orangefarbenen Moduls des zweiten Rings stecken.

1

2 Vier weitere rote Module ebenso befestigen.

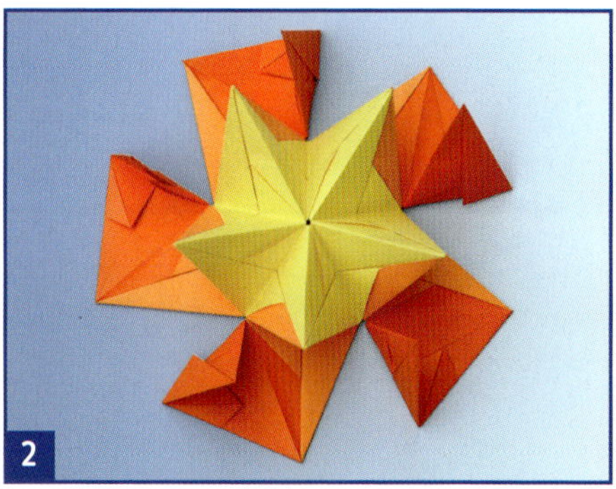

2

Aurelio-Stern

2 Die Form wenden und das freie Klebedreieck des zuletzt angeklebten roten Moduls in den Schlitz des orangefarbenen Moduls im zweiten Ring stecken. So entsteht der sechste Zacken (auf der Abbildung 2 oben in der Mitte).

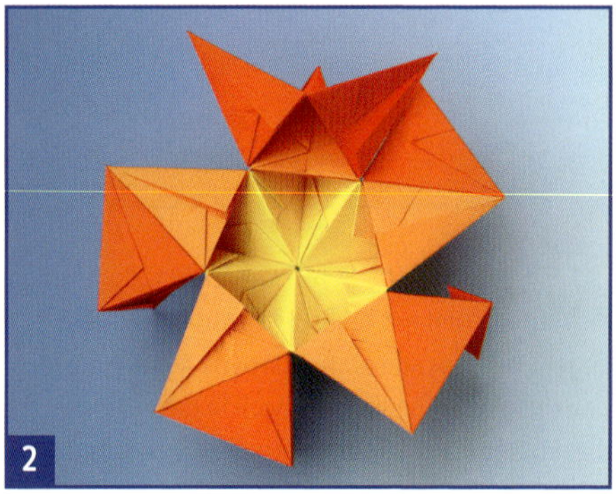

3 So sieht die entstandene Form auf der Rückseite aus. Zum Weiterarbeiten wieder wenden.

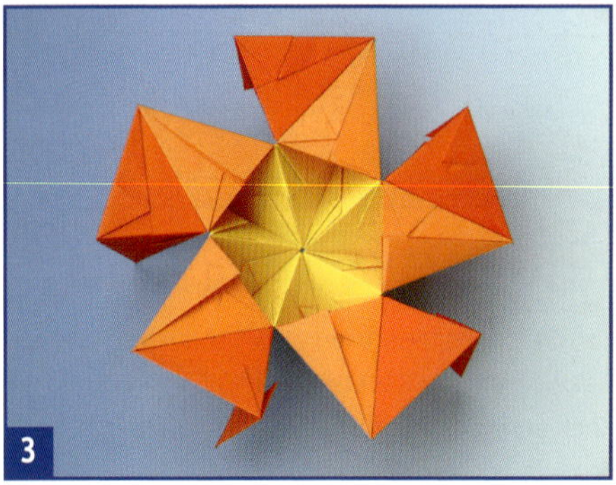

Vierter Modulring in Rot

1 Das Klebedreieck der ersten Moduls des vierten Rings in den Schlitz eines roten Moduls des dritten Rings stecken.

3 Ringsum an den restlichen vier roten Modulen des dritten Rings jeweils ein weiteres rotes Modul ankleben. Wie in Schritt 2 beschrieben vier weitere Zacken zusammenstecken. Jetzt hat der Stern bereits zehn plastische Zacken.

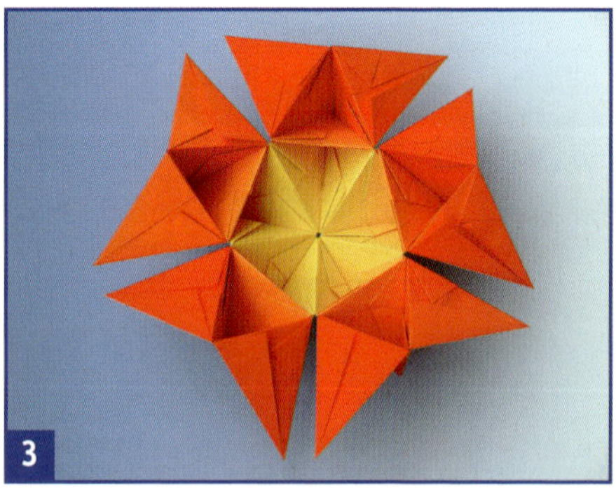

Hinweis: Alternativ können auch alle Module des vierten Rings auf einmal angeklebt und erst dann die Zacken zusammengesteckt werden (siehe Anleitung auf DVD).

4 Zwei nebeneinanderliegende rote Dreiecke zusammenstecken und -kleben.

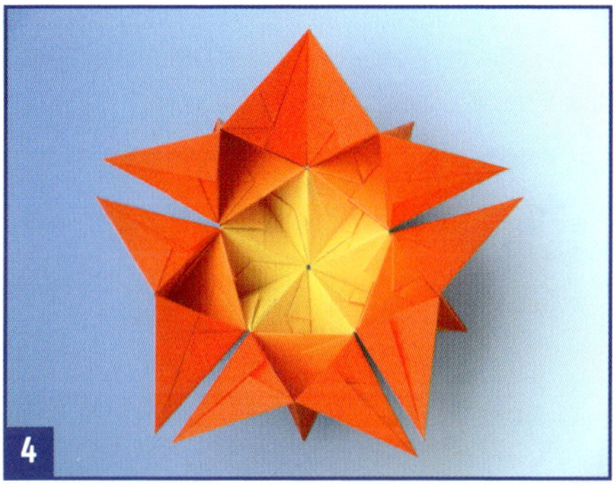

4

5 Den Vorgang ringsum wiederholen.

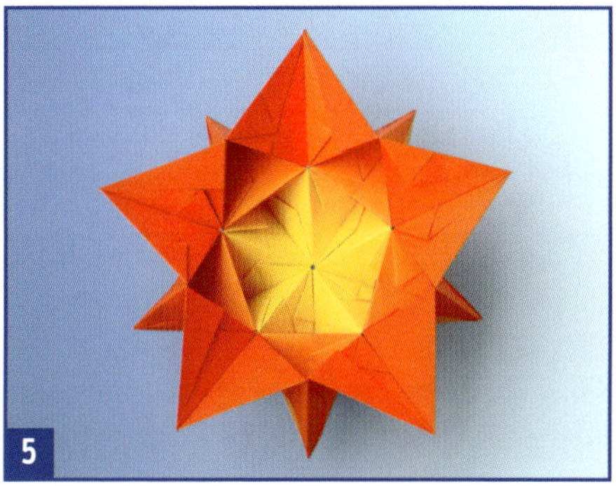

5

Fünfter Modulring in Orange

1 Das Klebedreieck des ersten orangefarbenen Moduls in den Schlitz eines roten Moduls des vierten Rings stecken.

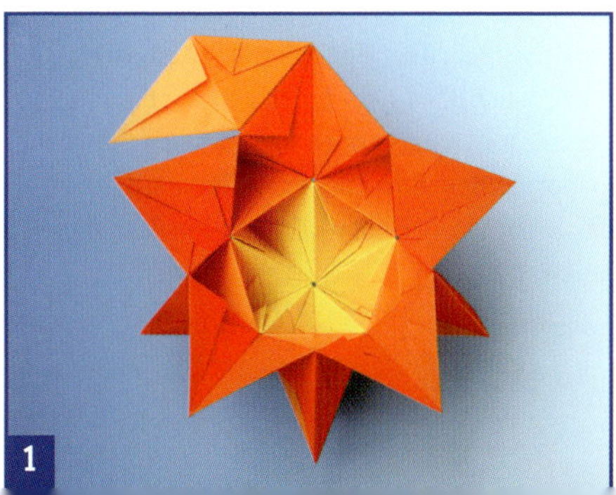

1

2 Die restlichen vier orangefarbenen Module ebenso anbringen.

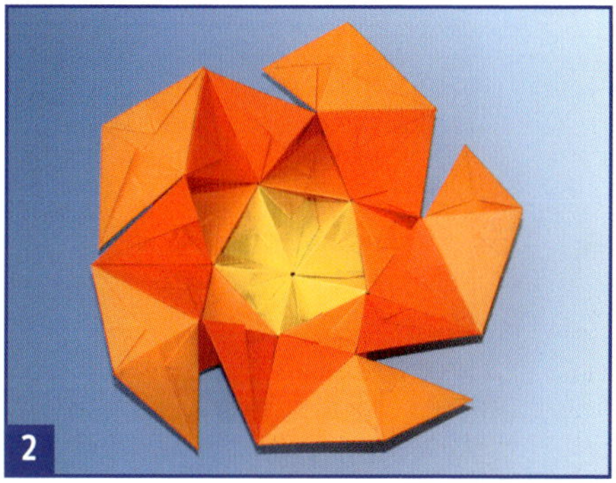

2

3 Das auf der Abbildung oberste orangefarbene Modul von links nach rechts über die aus zwei roten Modulen bestehende breite Spitze klappen und einen Zacken, den elften Zacken, fertigen.

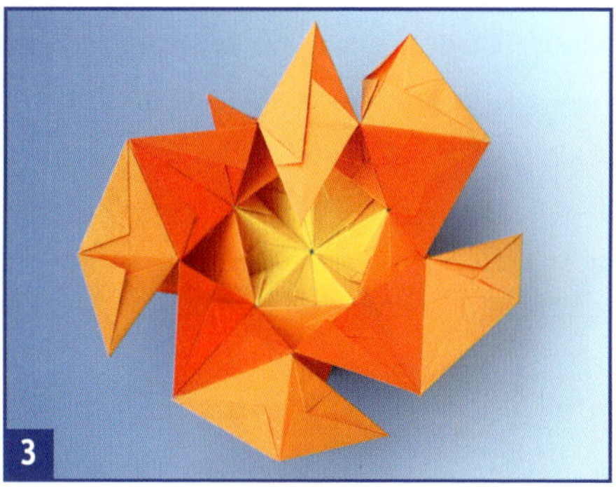

3

4 Ringsum mit den restlichen vier orangefarbenen Modulen ebenso verfahren, bis insgesamt fünfzehn Zacken fertig sind.

4a

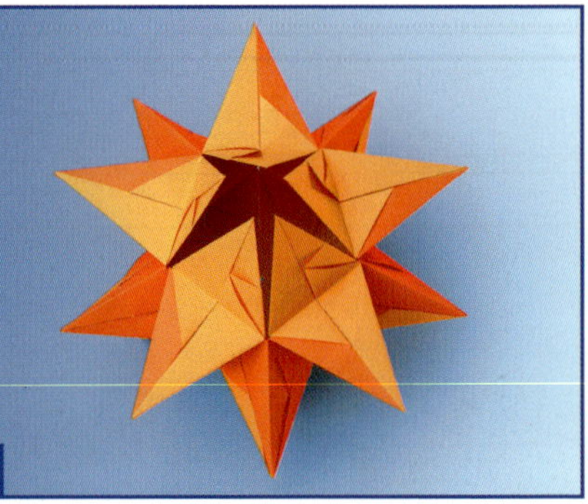

4b

Sechster Modulring in Gelb

1 Das Klebedreieck des ersten gelben Moduls in einen Schlitz des fünften Rings einstecken.

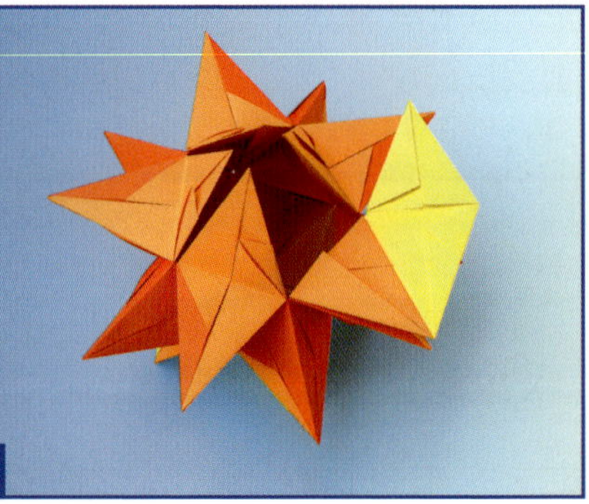

1

2 Die restlichen Module ebenso anbringen.

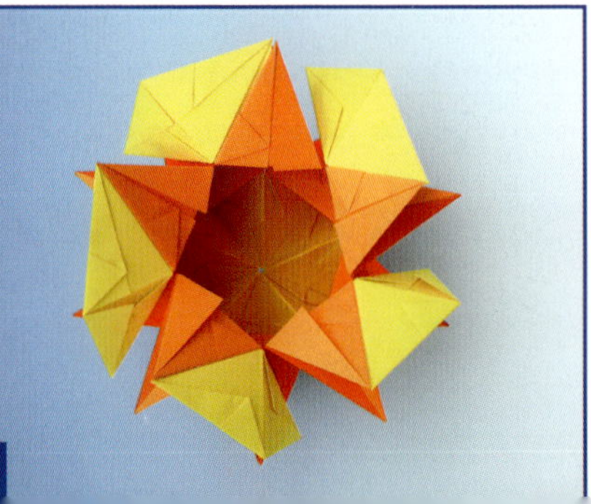

2

3 Vom fünften Ring ein orangefarbenes Klebedreieck in den Schlitz des benachbarten gelben Moduls stecken. Ringsum viermal wiederholen. An der Oberseite entsteht so eine Öffnung in Form eines Sterns.

3

4 Die Klebedreiecke der gelben Module aufklappen.

4

5 Die Klebedreiecke jeweils in die Schlitze der benachbarten gelben Module stecken. Unbedingt darauf achten, dass die noch freien Klebedreiecke immer nach oben zeigen, denn sobald die Öffnung geschlossen wird, können sie nicht mehr aufgeklappt werden. Bevor der letzte Zacken, der zwanzigste Zacken, geklebt wird, noch den Aufhängefaden anbringen.

5a

5b

Leuchtende Aurelio-Sterne

→ aus 30 Modulen

MOTIVGRÖSSE
ca. ø 45 cm

MATERIAL ROTER AURELIO-STERN MIT WEISSEN RAUTEN

- 30 Blatt Origamilampenpapier in Rot, 30 cm x 30 cm
- 30 Blatt Origamilampenpapier in Weiß, 17 cm x 17 cm
- selbstklebende Sterne in Gold, ø 0,4–2,2 cm
- Lampeninstallation oder Lichterkette
- Fotokleber

ROTER AURELIO-STERN

- 30 Blatt Lampenpapier in Rot, 30 cm x 30 cm
- Lampeninstallation oder Lichterkette
- Fotokleber

1 Die Sterne wie in der Anleitung für den Aurelio-Stern auf Seite 11–17 beschrieben fertigen. Beim weiß-roten Stern die weißen Rauten, die nach der Grundanleitung auf Seite 2/3 gefaltet werden, und die Sterne aufkleben.

2 Die Lampenfassung wie auf Seite 20/21 beschrieben einfügen. Alternativ kann auch eine Lichterkette den Stern beleuchten.

MOTIVGRÖSSE
ca. ø 11 cm

MATERIAL PRO STERN
- 30 Blatt Lampenpapier in Weiß, 8,5 cm x 8,5 cm (17 cm x 17 cm, geviertelt)
- Fotokleber

ZUSÄTZLICH
- Lichterkette

Lichterkette

→ Aurelio-Sterne aus 30 Modulen

1 Die Sterne wie in der Arbeitsanleitung für den Aurelio-Stern auf Seite 11–17 beschrieben zusammensetzen. Beim sechsten Modulring nur vier Module ankleben und den Stern soweit fertigstellen, dass nur noch das letzte Modul eingefügt werden muss.

1

2 Das letzte Modul einfügen und zunächst nur mit zwei Klebedreiecken befestigen. Eine Fassung der Lichterkette einlegen.

3 Die beiden anderen Klebedreiecke einstecken oder mit Fotokleber von außen, ohne sie in die Schlitze zu stecken, fixieren.

Sterne in Weiß

→ edel und vornehm

MOTIVGRÖSSE
ca. ø 16 cm bis 25 cm

MATERIAL

A GROSSER STERN MIT STERNDEKOR

- 30 Blatt Tonpapier in Weiß mit Sterndekor, 20 cm x 20 cm

B MITTLERER STERN MIT STERNDEKOR

- 30 Blatt Tonpapier in Weiß mit Sterndekor, 15 cm x 15 cm

C STERN IN WEISS-GOLD MARMORIERT

- 30 Blatt Origamipapier in Weiß-Gold marmoriert, 15 cm x 15 cm

D KLEINER STERN MIT STERNDEKOR

- 10 Blatt Tonpapier in Weiß mit Sterndekor, 10 cm x 10 cm

A B C Die Sterne wie in der Anleitung für den Aurelio-Stern auf Seite 11–17 beschrieben fertigen. Für die Modelle mit Sterndekor den Abschnitt „Module aus festerem Papier kleben“ auf Seite 2/3 berücksichtigen.

D Zwei Sterne mit je fünf Modulen nach der Anleitung für den flachen Aurelio-Stern auf Seite 6/7 fertigen und versetzt aufeinanderkleben. Dabei den Abschnitt „Module aus festerem Papier kleben“ auf Seite 2/3 berücksichtigen.

MOTIVGRÖSSE
ca. ø 16 cm bis 22 cm

MATERIAL
A STERN IN LILA UND PINK

- 20 Blatt Origamipapier in Lila, 10 cm x 10 cm
- 10 Blatt Origamipapier in Pink, 10 cm x 10 cm

B STERN IN FLIEDER

- 30 Blatt Origamipapier in Flieder, 20 cm x 20 cm
- Tonpapierrest in Lila
- Motivlocher: Stern (ø 3,5 cm)

C STERN IN PINK MIT AUFGEKLEBTEN STERNEN

- 10 Blatt Origamipapier in Pink, 10 cm x 10 cm
- 30 selbstklebende Sterne in Silber, ø 9 mm

D STERN IN PINK MIT ROSAFARBENEN RAUTEN

- 8 Blatt Origamipapier in Pink, 15 cm x 15 cm
- 8 Blatt Origamipapier in Rosa, 10 cm x 10 cm

E STERN IN LILA UND FLIEDER

- je 6 Blatt Origamipapier in Lila und Flieder, 10 cm x 10 cm

Lila Sterne

→ moderne Farben

A Den Stern wie in der Anleitung für den Aurelio-Stern auf Seite 11–17 beschrieben fertigen. Die Modulringe eins und zwei in Lila, die Ringe drei und vier in Pink und die Ringe fünf und sechs in Lila arbeiten.

B Den Stern wie in der Anleitung für den Aurelio-Stern auf Seite 11–17 beschrieben fertigen. 60 Sterne ausstanzen und aufkleben.

C Zwei Sterne aus je fünf Modulen nach der Anleitung für den flachen Aurelio-Stern auf Seite 6/7 fertigen und die Zacken aufeinanderkleben. Kleine Sterne aufkleben.

D Der Anleitung für den einfachen Aurelio-Stern auf Seite 4/5 folgend aus je vier Modulen zwei Sterne fertigen. Aus dem rosafarbenen Papier Module falten und diese mittig auf die Zacken kleben. Nun die beiden Sterne versetzt aufeinanderkleben.

E Aus je drei lila- und fliederfarbenen Modulen nach der Anleitung für den flachen Aurelio-Stern auf Seite 6/7 zwei sechszackige Sterne fertigen. Die beiden Sterne versetzt aufeinanderkleben.

Goldene Sterne

→ festlicher Glanz

MOTIVGRÖSSE
ca. ø 18 cm bis 23 cm

MATERIAL

A STERN IN GOLD MATT

- 30 Blatt Strukturpapier in Gold, 15 cm x 15 cm

B STERN IN GOLD GLÄNZEND

- 30 Blatt Tonpapier in Gold, 15 cm x 15 cm

C STERN IN GOLD MATT MIT SECHS ZACKEN

- 12 Blatt Strukturpapier in Gold, 15 cm x 15 cm

D STERN MIT AUFGEKLEBTEN STERNEN

- 12 Blatt Tonpapier in Gold, 12 cm x 12 cm
- Strukturpapierrest in Gold

E STERN IN WEISS-GOLD

- je 6 Blatt Tonpapier in Gold und Weiß mit Sterndekor, 10 cm x 10 cm

F STERN IN GOLD MIT SILBERNEN STERNEN

- 12 Blatt Origamipapier in Gold, 7,5 cm x 7,5 cm
- 24 selbstklebende Stern in Silber (ø 8 mm)

A B Die Sterne wie in der Anleitung für den Aurelio-Stern auf Seite 11–17 beschrieben fertigen. Dabei den Abschnitt „Module aus festerem Papier kleben" auf Seite 2/3 berücksichtigen.

C D Für beide Sterne nach der Anleitung auf Seite 6/7 zwei sechszackige Sterne fertigen und die Zacken aufeinanderkleben. Dabei den Abschnitt „Module aus festerem Papier kleben" auf Seite 2/3 berücksichtigen. Gegebenenfalls etwa 12 Sterne ausstanzen und aufkleben.

E Aus je drei weißen und goldenen Modulen nach der Anleitung für den flachen Aurelio-Stern auf Seite 6/7 zwei sechszackige Sterne fertigen. Die beiden Sterne mit den Zacken aufeinanderkleben. Dabei den Abschnitt „Module aus festerem Papier kleben" auf Seite 2/3 berücksichtigen.

F Nach der Anleitung für den flachen Aurelio-Stern auf Seite 6/7 zwei sechszackige Sterne fertigen, die Zacken aufeinanderkleben und die Sterne aufkleben.

MOTIVGRÖSSE
ca. ø 7,5 cm bis 34 cm

MATERIAL

A STERN IN ORANGE

- 30 Blatt Batikpapier in Orange, 20 cm x 20 cm

B STERN IN ROT MIT ORANGEFARBENEN STERNEN

- 12 Blatt Origamipapier in Rot, 20 cm x 20 cm
- Batikpapierrest in Orange
- Motivlocher: Stern (ø 3,5 cm)

C STERN IN GELB

- 30 Blatt Strukturpapier in Gelb, 15 cm x 15 cm

D STERN IN ROT MIT FÜNF ZACKEN

- 10 Blatt Tonpapier in Rot mit Sterndekor, 15 cm x 15 cm

E STERN IN ROT MIT ZEHN ZACKEN

- 10 Blatt Tonpapier in Rot mit Sterndekor, 15 cm x 15 cm

F STERN IN ROT MIT SECHS ZACKEN

- 6 Blatt Strukturpapier in Rot, 10 cm x 10 cm

G MINI-STERN IN ROT MIT GOLDSTERNEN

- 8 Blatt Origamipapier in Rot, 5 cm x 5 cm
- 16 selbstklebende Sterne in Gold, ø 6 mm

H MINI-STERN IN ROT

- 8 Blatt Origamipapier in Rot, 5 cm x 5 cm

Rote Sterne

→ warme Farben

A C Die Sterne wie in der Anleitung für den Aurelio-Stern auf Seite 11–17 beschrieben fertigen. Dabei den Abschnitt „Module aus festerem Papier kleben“ auf Seite 2/3 berücksichtigen.

B Den Stern wie in der Anleitung für den kleinen Aurelio-Stern auf Seite 8/9 beschrieben fertigen. Die Schlitztaschen unbedingt zukleben. 24 Sterne ausstanzen und aufkleben.

D Zwei Sterne mit je fünf Modulen nach der Anleitung für den flachen Aurelio-Stern auf Seite 6/7 fertigen und die Zacken aufeinanderkleben. Dabei den Abschnitt „Module aus festerem Papier kleben“ auf Seite 2/3 berücksichtigen.

E Zwei Sterne mit je fünf Modulen nach der Anleitung für den flachen Aurelio-Stern auf Seite 6/7 fertigen und versetzt aufeinanderkleben. Dabei den Abschnitt „Module aus festerem Papier kleben“ auf Seite 2/3 berücksichtigen.

F Der Anleitung auf Seite 4/5 folgend aus je drei anstatt vier Modulen zwei Sterne fertigen und versetzt aufeinanderkleben. Den Abschnitt „Module aus festerem Papier kleben“ auf Seite 2/3 berücksichtigen.

G H Aus je vier Modulen nach der Anleitung für den einfachen Aurelio-Stern auf Seite 4/5 zwei Sterne fertigen. Die beiden Sterne versetzt aufeinanderkleben.

Sterne in Blau

→ winterlich-schön

MOTIVGRÖSSE
ca. ø 13 cm bis 23 cm

A STERN IN BLAU
- 30 Blatt Strukturpapier in Blau, 15 cm x 15 cm

B STERN IN GELB MIT BLAUEN RAUTEN
- je 10 Blatt Origamipapier in Gelb, 15 cm x 15, und in Blau, 8 cm x 8 cm

C STERN IN HELLBLAU-BLAU
- je 6 Blatt Strukturpapier in Hellblau und Blau, 12 cm x 12 cm

D STERN IN BLAU GESTREIFT
- je 6 Blatt Origamipapier in Blau und in Blau gestreift, 7,5 cm x 7,5 cm

E STERN IN BLAU MIT STERNEN
- 12 Blatt Origamipapier in Blau, 7,5 cm x 7,5 cm
- Origamipapierrest in Grau
- Motivlocher: Stern (ø 1,3 cm)

A Den Stern wie in der Anleitung für den Aurelio-Stern auf Seite 11–17 beschrieben fertigen. Dabei den Abschnitt „Module aus festerem Papier kleben" auf Seite 2/3 berücksichtigen.

B Aus dem gelben Papier zwei Sterne mit je fünf Modulen nach der Anleitung für den flachen Aurelio-Stern auf Seite 6/7 fertigen. Die blauen Rauten aufkleben und die Sterne mit den Zacken aufeinanderkleben.

C D Für beide Sterne nach der Anleitung auf Seite 6/7 je zwei sechszackige Sterne fertigen. Dabei den Abschnitt „Module aus festerem Papier kleben" auf Seite 2/3 berücksichtigen. Die Module farblich wechselnd zusammenfügen. Beide Sterne mit den Zacken aufeinanderkleben.

E Den Stern wie in der Anleitung für den kleinen Aurelio-Stern auf Seite 4/5 beschrieben fertigen. Die Sterne ausstanzen und aufkleben.

Aurelio-Stern in Orange

→ mit Silberdekor

MOTIVGRÖSSE
ca. ø 32 cm

MATERIAL
- 30 Blatt Batikpapier in Orange mit Silberdekor, 20 cm x 20 cm

Den Stern wie in der Beschreibung des Aurelio-Sterns auf Seite 11–17 arbeiten. Den Abschnitt „Module aus festerem Papier kleben“ auf Seite 2/3 berücksichtigen.

IMPRESSUM

Der Autor dankt den Firmen Ludwig Bähr, Kassel, nice papers, Berlin, und Marpa Jansen, Mönchengladbach, für die freundliche Bereitstellung von Material.
FOTOS: frechverlag GmbH, 70499 Stuttgart; Armin Täubner (alle Arbeitsschrittfotos); Fotostudio Ullrich & Co., Renningen (übrige Fotos)
DRUCK: frechdruck GmbH, 70499 Stuttgart
SPRECHER AUF DVD: Henrik van Ypsilon
FILMAUFNAHME: teamWerk. Die Filmproduktion GmbH, Stuttgart

Auflage: 6. 5. 4. 3. 2.
Jahr: 2012 2011 2010 2009 2008 [Letzte Zahlen maßgebend]

ISBN 978-3-7724-3708-3
Best.-Nr. 3708